AF599785

HURRENGO GELTOKIA
(PRÓXIMA ESTACIÓN)

JOSÉ JUAN MILLA GARCÍA

Aliarediciones

Corrección: Alejandro Santiago
Diseño de cubierta: Mónica Morales
Maquetación: Aliar Ediciones

Depósito Legal: 979-13-88058-09-7
ISBN: GR 1552-2025

Impreso en España

Edita
ALIAR Ediciones
www.aliarediciones.es
info@aliarediciones.es

HURRENGO GELTOKIA
(PRÓXIMA ESTACIÓN)

JOSÉ JUAN MILLA GARCÍA

El mundo se ve borroso desde la ventanilla de un tren, vaya este a 160 o a 300 kilómetros por hora. Me pregunto si será la velocidad o la perspectiva —melancolía que perdura en mi recuerdo por el cine, la música y la literatura— la que me hace ver el vaso siempre medio vacío. El tren es sin duda un medio de transporte romantizado y dos años viajando en él lejos de mi ciudad y mi familia dan mucho tiempo para pensar y dan muchos encuentros para disfrutar o sufrir.

Las despedidas más tristes son desde un andén, quizá porque el tren nos aleja a mucha distancia o por mucho tiempo. Yo me he despedido poco en estaciones —mi tren salía demasiado temprano—, pero sí he vivido la euforia de los reencuentros.

En este poemario expreso mi visión de lo que somos: viajeros incansables en busca de una idea, un amor, una ilusión, un empleo; siempre otro lugar, siempre inquietos y en constante movimiento como el mundo mismo.

En la nostálgica distancia que va
del sueño a lo real
se instala la alquimia del poema
y del amor.

Cristina Peri Rossi

A todas las personas que me esperaron
y a aquellas que me acompañaron.

NORTE

Vuelve a llover a trechos.
Una llovizna pálida y huidiza que apenas moja,
casi ni se siente
y sin embargo cala muy hondo.
Poco a poco se van todos
quedo yo amarrado a una llamada
de nuevo sentado en las horas junto a las vías,
esperando que muera la noche
que la mate la luz del día.
Mis cejas chorrean rocío,
mi ropa desprende vapor,
y mis botas se hunden en el barro.
¡Desearía estar ya en la cama!
Fría sin ti, pero seca al menos.
Otra maldita noche más,
otra bendita noche menos.

(ENTREVÍAS I)

Miras por la ventanilla
y ves pasar prados y montes,
cultivos y ciudades,
vehículos y personas,
otros trenes…
Todos como acuarelas,
desdibujados.

ALICIA BAILA

¿Me incomodan tantas revelaciones?
En el pasado quizá.
Alicia expone su naturalidad,
escucho cautivado por sus labios
borboteantes de acento murciano.
Alicia baila mientras habla.
—*¿Siempre has sido bisexual?* —la miro.
—*¿Solo amas a mujeres?* —sonríe.
—*Así sí* —murmuro—. *¿Otro café?*
Me mira y me vence.
Otro café, otro cigarro…
Demora del tren en Miranda, averías de la vida.
Alicia baila mientras bebe su café, baila mientras fuma su cigarro,
me intenta adivinar,
no funciona así.
Ella se abre en canal, se descubre,
como los compases de un tango,
pero yo no conozco el lenguaje, soy hermético.
Alicia baila mientras me mira.

El tren se mueve por fin, entre soleá y bulería.
—*Simple, amar es amar*
da igual a quien.
Conoce el poder de una sonrisa
y la ofrece sin reservas.

Alicia me baila.
Fugaz despedida en Donosti,
se aleja con la maleta rodando.
Alicia, se aleja bailando.

(ENTREVÍAS II)

Existen dos tipos de viaje:
los que me llevan donde quiero estar
y los que me alejan de ese lugar,
de esas personas,
de esos momentos.

GEORGIA ON YOUR MIND

Nada ocurre por casualidad.
En un vagón vacío, nos sentamos uno junto al otro.
Su mirada puesta en el tatuaje de mi brazo,
el pentagrama de aquella canción,
se augura un mal comienzo,
pero yo también me equivoco.
Mira la clave de sol y sonríe.
—*Soy música* —dice.

La Dama de la Cólquida y la Iberia
era música,
me ofrece su mano izquierda,
el vino de la amistad.
—*Tienes el aura blanca, Jose.*
Y hablamos ¡vaya si hablamos!
Siete horas y media de viaje y dos vidas contadas.
La vida, el amor, la música, mucha música.
Nada ocurre por casualidad.
—*No lo dudes, nos volveremos a encontrar.*
No lo dudo, Marekhi.

(ENTREVÍAS III)

Existen dos estaciones de Los Llanos:
una gris, húmeda y triste,
que me dice adiós en la soledad del andén;
otra luminosa y cálida,
que me recibe con una gran sonrisa,
una muy grande.

EL SUEGRO

A veces necesitamos ser escuchados.
—No sabemos cuánto aguantará,
no está bien —decía con ojos de cristal—,
con cada visita veo su brillo apagarse.

La vida no es solo la familia que toca.
Hay familia que no duermen bajo nuestro techo,
que no llevan nuestra sangre,
que no nos besan la boca.

El anciano mira por la ventana, gris sobre gris,
las nubes anuncian tormenta,
pero allí lejos, más allá de las montañas
se ve un rayo de sol, una lanza de luz y de esperanza.

—Mi hijo es un autómata
y mi nieta no espera quedarse sin mamá.
Escucharlo parte el alma.

—Ella ya no es quien era,
ha declarado una guerra,
ahora es una persona herida en su interior,
enfrentando batalla contra su propio cuerpo.

Desearía saber que esa mujer, esa niña, ese anciano están bien,
que son felices y viven sanos, al menos por un día más.

(ENTREVÍAS IV)

Curiosos los sueños,
¿Cuál es la distancia que los separa de la realidad?
Ayer soñé que estaba de vuelta en casa.
Seiscientos sesenta y ocho días
separaban mi sueño de mi realidad,
ahora lo sé.

LA CHICA FRENTE A MÍ

Uno frente a otro leyendo, absortos.
Era inevitable que nuestras miradas se cruzaran.
¿O mirábamos el libro del otro?
Quizá mirabas mis manos, enormes, nervudas, de largos dedos;
yo sí miré las tuyas, blancas y firmes sujetando la lectura.

«Prende mi mirada posada en tus manos,
y tus labios, puertas celestiales, sonríen.
Busca, intrépida lectora, con esos ojos inquietos
entre los renglones lo que espera de nosotros el destino.»

Mi mirada, distraída, huye buscando la tuya
intentando colisionar con tus ojos.
¿Qué palabras encierra mi mirada?
Un hola,
una pregunta,
una llamada de socorro contra la soledad.
¿Y la tuya?

(ENTREVÍAS V)

De la Mancha levantina
a aquella otra profunda
voy inmerso en mis asuntos
hasta llegar al centro mismo,
donde todo confluye. Quieras o no.
Atravieso de centro a norte
el más ancho de los campos
hasta la tierra de las montañas,
de los túneles,
del verdor.

EL HOMBRE DORMIDO

Me despierto agarrotado, desorientado
y siento su mirada.
Me siento observado.
Nunca me ha gustado soñar en el tren,
no, si no es despierto.
Tanto tiempo aquí,
más de diez horas
desde que embarco
hasta que llego.
Entre medias soy el hombre dormido,
sin pasado, sin futuro,
solo un pasajero
en un limbo de ensoñaciones
y vagas sensaciones, de vacuidad.
He visto dormir a otros, su incómoda realidad.
¿Se puede soñar en esa postura?
Flotan en mi vagón a las siete de la mañana
sueños retorcidos y contracturados.

(ENTREVÍAS VI)

Cada vez soy más consciente:
las niñas viven su presente,
en el ahora,
en ese en el que yo no existo,
en ese Albacete que me queda tan lejano.

TEDIO

Otro viaje,
otras doce horas,
uno de cada siete días perdido.
Siento sopor en la estación,
modorra en Cercanías,
tedio en el vagón,
un largo letargo a través del país.
Gente en los andenes
enfadada por los retrasos,
¡Otro día en Madrid!
Viendo las estaciones nacer y morir
frente a ríos de resignación.

Mi lánguido cuerpo aguanta la monotonía,
el incesante vaivén del tren
con la mirada perdida como ausente.
Aborrezco tanto tiempo perdido
y pienso quizá en escribir algo...

(ENTREVÍAS VII)

Ha vuelto la lluvia
y con ella mi añoranza,
dardo oscuro que siempre me acierta
en el centro del pecho.

MIS LIBROS

He perdido la cuenta y *aunque yerre no estoy perdido.*
Septiembre fue el primero con *la brillante llama de Troya*,
nueva lectura en el tren, *nuevos ojos para ver el mundo.*

Otra página, otra historia y la misma ruta,
dando la vuelta al mundo para encontrarme.
Sonrío leyendo porque *me siento la espada en la oscuridad*
aunque la gente me mire confundida,
¿Qué sabrán ellos que *no han limpiado su casa antes de salir a limpiar el mundo*?
Esta es mi rosa y por eso la quiero.

Desvío la mirada de ellos
y vuelvo a mi lectura *atravesando la tormenta para salir distinto*,
pesa en mis brazos, pero es ligera en mi mente.
¿Se puede adivinar el pensamiento de una persona
tras leer la portada de su libro?

(ENTREVÍAS VIII)

Cuando estoy lejos, en aquellas playas,
me gusta la sensación de descalzarme
y sentir la arena bajo mis pies.
Centrarme y constatar mi presencia en esa tierra.

LA IDA Y LO QUE REGRESA

Toda experiencia es crecimiento.
Y yo, chiquitito, me siento ahora un gigante.
Me fui con miedos
y los sustituí por amistades,
por lugares increíbles
y comida deliciosa.

Ya no soy el de 2020,
por supuesto.
Ahora soy miles de kilómetros más paciente,
más humano, más yo.

(ENTREVÍAS IX)

Los sueños son extraños
y me abandonan cuando estoy en casa.
Es en la distancia donde vienen a mí,
me atormentan.
Sueño, pero entre tormentas.

SU PRIMER VIAJE

Chispas en sus ojos,
palabras estremecidas y estridentes,
gestos sobresaltados,
mis hijas están nerviosas.
Miran a todas partes, preguntan por todo.
¿Cuándo llegamos?
¿Cómo gira?
¿Cuánto corre un tren?
Viaje corto, pero intenso.
¿Cuándo llegamos?

Me doy cuenta que
paso tan poco tiempo con ellas…
y me preocupa el tiempo que les falto
por la costumbre de mi ausencia.
Ellas parecen no darse cuenta.
¿Cuándo llegamos?
Yo no quiero ni pensarlo.

(ENTREVÍAS X)

Os siento más lejos que nunca
y por ello os amo más de lo que puedo explicar.
Necesito llenarme con vuestro recuerdo.

VIENTOS

Boreas y Notos me mueven,
me empujan
y me zarandean.
Me dejo mecer como un junco por la brisa.
Los vientos de la vida ahora me arrastran
de norte a sur, de sur a norte,
en un exilio forzado.

Surco los pasillos de los trenes
escribiendo cartas sin remite.
Tan pronto estoy lejos como aquí,
en la playa o en la meseta,
feliz o ausente.
Deseando volver a regar mis raíces en su maceta.

(ENTREVÍAS XI)

Sonrío recordando aquel lejano momento que acabamos de vivir juntos.

MIRADAS

Me conmueven las impresiones de desconocidos en el tren.
Cansancio en el trabajador manchado de yeso,
inspiración en la chica del bloc de dibujo,
Intriga en la señora que devora un libro.
Pequeños instantes en sus vidas.

Ternura en la cara de la madre mirando su bebé,
enfado en el señor que mira su reloj,
apatía en los ojos esclavizados por el móvil.
¿Qué verán todos ellos al mirarme?
Tedio, tristeza, alguna vez alegría…

Interpreto palabras no escritas
trazando líneas invisibles
unidas por nuestras miradas,
hilvanándolas.

(ENTREVÍAS XII)

No son las mismas horas.
De Albacete a Irún
que van contra mis deseos,
que pasan tan lentas
que duelen como cortarse con un folio.
Como las de Irún a Albacete
cuesta abajo,
curativas como cuando tu madre te sopla la pupa.

NOCHE SIN LUNA

¿Existe ser más solitario que el que habita las vías en una noche sin luna?
La inmensidad de la noche cortada por mi pequeño haz de luz.
La quietud.
Entre traviesas y balasto mis pies avanzan lentos,
inestables,
escuchando el reptar del agua que baja por la cuneta,
mientras la menta de mi caramelo se agota.
—¿Qué haces aquí tan lejos y tan solo?
Miro al cielo buscando una respuesta en la luna,
pero solo encuentro más preguntas.

Aquí seguiré sin respuestas, hasta que el sol derrita la noche
como una llama celeste y cegadora
incendiando esta manta negra,
¡tan negra!
Esperando el golpe de luz que indique el momento
de ir a la cama.
Donde tampoco encontraré a nadie.

(ENTREVÍAS XIII)

Cuanto más tiempo paso en el norte
soy más consciente de que no pertenezco allí.

CUENTA ATRÁS

05.40
El gusano ronronea expectante.
05.45
Desde sus tripas veo mi hogar.
05.50
La pantalla muestra nombres de ciudades y pueblos lejanos.
05.55
La vibración incesante es digerida por mi cuerpo,
absorbiéndome.
06.02
Los ojos cerrados, los brazos cruzados y la música en mis oídos.
Mi mente no puede parar, no quiere alejarse.
06.07
Comienza a reptar y yo ya quiero estar de vuelta.
Activo mi cuenta atrás:
siete mil trescientos veinte minutos,
siete mil trescientos diecinueve minutos y cincuenta y nueve segundos,
siete mil trescientos diecinueve minutos y cincuenta y ocho segundos…
Miro por la ventanilla.
Ya nadie puede despedirnos en el andén de una estación,
ya nadie corre junto a la ventanilla llorando una despedida,
ya nadie agita la mano mientras ve partir el tren,
ya nadie será engullido por una nube de humo de locomotora,
ya nunca un te quiero será silenciado por el estridente silbato.
Absurda sociedad empeñada en acabar con el romanticismo.

(ENTREVÍAS XIV)

Mientras la chica morena detrás del mostrador
lee el código en la pantalla de mi teléfono
tengo como un castigo
la sensación de abandono que dejo al partir.

HUECOS

Todo el mundo lleva prisa.
¡Marabunta humana!
Buscando su lugar,
esperando su destino.
Buscan un sitio para ellos y sus equipajes.
Yo hoy viajo ligero y paciente,
les dejo invadir un espacio.
Van acomodándose entre disimulados empujones
jugando al Rey de la montaña.
Encuentro un hueco libre para mí
y sin prisa lo ocupo.
Lleno mi espacio en este mundo donde
provisionalmente estoy condenado.

(ENTREVÍAS XV)

Cuando voy de vuelta a casa mis alas son rápidas,
mi viaje tan raudo que dejo atrás mi sombra,
todas ellas.

COMPAÑEROS (LOS GUARDIANES DEL MURO)

Hay personas que son hogar.
Con quien cocinar pollo al curry,
ver una serie,
jugar unas partidas mientras tomamos café
o mantener largas charlas.
También discutir, ¿por qué no?
Después despedirse con un hasta luego y un abrazo,
sabiendo que volverás sentir esa sonrisa que le bulle al verte.
Un hogar no tiene que tener lumbre.

(ENTREVÍAS XVI)

Cuando voy a partir,
en ese justo instante,
llega mi sombra y me acompaña de regreso al norte.
Mucho más oscura que cuando la dejé atrás.

EXTRAÑO LA MANCHA

La profundidad de vuestras palabras sencillas,
el carácter bonachón, casi paternal, con el que me identifico.
Extraño bromas y chanzas,
almuerzos a la lumbre,
el pan…
¡Cuánto extraño el pan!
Nadie me obligó a venir,
pero este pecho vacío
desea llenarse de su ciudad,
de vosotros.
De pan recién hecho y de vino de tinaja.

(ENTREVÍAS XVII)

Hoy cojo el expreso como cada lunes.
Hoy vuelvo a herirme.

TÚNEL

No sabemos el tiempo que estaremos parados.
Todo afuera es oscuridad
como una nave varada en el espacio,
enfrentada a la nada.
Algunos pasajeros respiran profundamente,
otros respiran agitados
como animalitos asustados.
Toneladas de piedra, arena, raíces y vegetación sobre nosotros,
una sensación generalizada de claustrofobia.
Pero a mí no me sale consolar a la gente,
hoy no.
Hoy soy como el niño jugando con su camión,
sin hacer caso del vacío espacial que le rodea.

(ENTREVÍAS XVIII)

En la línea ferroviaria cien hay demasiados túneles para penetrar,
acaba uno exhausto,
extenuado después de cinco horas y media de sexo presencial.

MÚSICA

La chica canturreaba sin apenas emitir sonido.
Su cuerpo moviéndose al compás del vaivén del tren
absorbida por la magia de la música.
Una felicidad contagiosa.
Quien la miraba sonreía
y se alegraba el corazón.
Cojo mi móvil y pongo una canción
Aretha, Bowie, Etta, Wilson… no recuerdo,
pero sé que disfruté del momento,
me quedé solo dentro de la música.

(ENTREVÍAS XIX)

Algunas vías férreas se dejan ahí desatendidas
para que mueran,
también pasa con las personas;
sus vidas no caben en nuestra rentabilidad.

FANTASÍAS DE ZEGAMA

Me encuentro callado frente a la noche,
escuchando su latir,
el bombeo de unos susurros
que inflaman mi imaginación.
¿Una xana, una sedienta lamia,
quizá es el ronquido profundo del Erraldoiak
o las correrías nocturnas del Basajaum?
Aquí toda magia cobra vida.

La naturaleza de mi desasosiego es más terrenal:
es el resbalar de las hojas colmadas de rocío
y desprendidas de las altas copas de los árboles,
es el correr del riachuelo y el ronroneo del viento
cantando entre las ramas bailarinas
y eso, en cierto modo, también es magia.

(ENTREVÍAS XX)

Los rieles viven paralelos
en elongada equidistancia,
por más que se prolonguen no se encuentran.
Es el tren quien los une.

TRABAJO

Ni una mirada, ni buenos días.
Anda liada trabajando en su computadora.
Tecleando incansable con los ojos vidriosos
y las quijadas apretadas.
Ni una mirada, ni buenos días.
Un vistazo de soslayo por encima de las anteojeras
es lo único que voy a recibir.

No puedo evitar escuchar las palabras de mi madre:
«sin educación no eres nadie».
Ni una mirada, ni buenos días.
A pesar de saberme ignorado
invoco un «buen día» acompañado de una sonrisa,
me da igual si queda flotando en el aire,
sin respuesta,
incómoda.
Intuyo que para ella también lo es.

(ENTREVÍAS XXI)

Los trenes cuando se cruzan viajan por distintas vías.
Nunca quieren besarse.

JULIETA Y SU AVIÓN

Me golpea de nuevo,
el avión cae
y los ojos chispeantes esperan impacientes.
Otra vez. ¡Que vuele!
Risas de escarcha llegan hasta el fondo del vagón.

Travieso, el avión de papel impacta en otra viajera.
Lo recoge y lo lanza.
Carcajadas de dientes incipientes
salen de la boquita de Julieta.
¡Otra vez! ¡Vuela!

Su mamá sonríe con el hermanito en brazos,
sonrisa cansada,
mientras sus labios tararean una nana.
En otra época esa sonrisa, ese agradecimiento, ese cansancio
eran míos.
Mis hijas ya no juegan con aviones.

Julieta me mira impaciente,
el avión ya no vuela bien, y yo,
mecánico especialista en aerodinámica,
reparo el ala herida.
Otra vez y otra y otra y otra…
Llegamos a Campo Grande.

Un gracias de su madre y un adiós de Julieta mirando nuestro avión.
En casa vuelas otra vez.
Casa, hogar… mis palabras favoritas.

(ENTREVÍAS XXII)

Al primer rayo del alba,
a las palabras de desconocidos,
a las sonrisas y abrazos que me esperan al llegar a destino.
A los besos apasionados,
a los sueños mecidos por vaivén del tren,
al tímido sol del norte y al furioso sol manchego.
A las buenas lecturas,
a los «¿cómo vas?»,
a ti, por leer todos estos pensamientos míos.

TRES DE LLUVIA

1.
Riega praderas, bosques y casas,
el tren la atraviesa, la rompe,
la obliga a ser violenta.
No como esa otra lluvia mía silenciosa
que va muriendo en agónico suplicio,
en el lento resbalar por mi mejilla cada lunes.

2.
No es igual, no es la misma,
la lluvia sobre mi tejado que esta otra
que estalla contra los cristales.
Gotas furiosas y crueles como acerados cuchillos,
espolvoreadas a 300 km/h.

3.
Este agua no limpia,
lame el tren a restregones,
caótica.
No empapa: golpea, explota y desaparece.
A veces no la veo, solo la oigo con los ojos cerrados,
escuchando sus furiosos escupitajos lanzados con odio.

(ENTREVÍAS XXIII)

Me da igual el cielo.
Te diré cómo es mi infierno ahora,
es un vagón atestado de gente
con el aire acondicionado demasiado alto
y todo el mundo gritando sin parar
que me aleja de las personas que amo.

FUERA DE PARVA

PERDÍ LA CUENTA

Páginas e historias en ruta,
así el tiempo y el espacio parecen efímeros.
El tren sobre raíles y yo sobre renglones.
Nos reconocemos al instante los lectores.
Un libro leído es una sonrisa que brota.
Perdí la cuenta de las personas que disimulando
leyeron los títulos de mis lecturas.

OS PEDÍ AYUDA Y ME DISTEIS ESTO

Para vosotros:
El espejo donde se mira la sociedad,
la inmersión en un profundo mar,
el refugio ante la vida,
el eco de nuestras abuelas,
el guion de una buena película,
respuestas.
Una cápsula de teletransporte,
un arnés que sujeta mientras observamos los abismos de otros,
un lienzo donde dibujar,
una ventana abierta,
libertad.
Delicado objeto arrojadizo contra los gilipollas,
relajación tras un largo día,
una bolsa llena de experiencias,
sabiduría y aprendizaje,
sueños.

Para mí:
Es fiel como un perro.
Es indomable como un gato.
Es un jardín en el que plantar,
regar, cuidar… y donde extirpar malas hierbas.
Es escalar una montaña y respirar en la cima.
Es el alma tintada de un árbol cercenado.
Es un libro.

Gracias a Victoria, Ascen, Inma, Ana, Rut,
Pilar, Dolo, Paqui, Alí, Dani, Antonio,
María T, María J, María C, Dani y Javi.

A Ascen

SUERTE (FELIX FELICIS)

«Qué bien nos hemos venido».
Palabras que esconden pasados,
tuyos y míos también.
Hace poco que se cruzaron nuestras miradas
y hay tanto que callan.
Quisieran decir lo que nuestras bocas no pueden,
aunque tampoco sabrían por dónde empezar.

CONOCIÉNDONOS

Mi sangre llena tus heridas,
no para cerrarlas, sino para comprenderlas.
Diluidos tu cuerpo y el mío,
uniéndose sin emulsionar.
Abrazándonos sin fundirnos,
porque sabemos de amor,
pero también sabemos de pesar.
Amamos con pasión y con cautela,
por ahora al menos.

DE MUERTE Y VIDA

Cuando mi savia deje de fluir
hacedme un ovillo y enterradme
desprendida de harapos y sortijas.
Plantad un árbol sobre mis despojos
y regadlo con lágrimas vivas.
Me envolverán sus raíces, se nutrirá
y regresaré.

Mi cuerpo se elevará alto
y mi cabello se mecerá con la brisa.
Volveré a ser madre, no de carne, si no de corteza.
Pondréis un columpio en mi brazo
y vendréis a merendar bajo mi sombra que os quiero
escuchar.

Conoceré a las hijas de mis hijas
y ellas a mí.
Me amarán como parte de sí mismas
y entenderán la vida sin temor a la muerte.

TIEMPO

El tiempo pasa,
todo lo que creo que me ocurre,
lo malo y lo bueno, pasará
y lloverá porque tiene que hacerlo.
Todas mis dudas, mis historias y secretos
no durarán e igualmente lloverá.

Mañana en el café un desconocido me dirá:
¡Qué manera de llover!
Y alguien dará su primer beso,
alguien nacerá
y alguien morirá.
El mundo no se detiene.

Pierdo cosas, igual que las gano,
llueva o no todo seguirá mañana.
Curiosas estas nubes en mi cabeza,
nubes de tormenta que no traen lluvia,
traen sombras.

A la mañana llovió,
por la tarde mi calle estaba limpia.

CALLES

En estas calles en las que de vez en cuando todavía se escucha
tu nombre.
Como un grito en la mañana y como un eco al atardecer
por las esquinas de los edificios nuevos.
Mientras nuestra historia yace en los escombros de esos otros
edificios viejos
que siguen desgajándose de tiempo y abandono.
Estas calles que ya olvidaron mi nombre,
que ya ni conservan el suyo,
distantes y extrañas olvidaron nuestro amor
oculto quizá en las alcantarillas,
en las cloacas de la gran ciudad.

CALIDOSCOPIO

(Inspirado en el relato de Ray Bradbury)

Te voy a querer siempre,
congelaré este sentimiento
para que yazca aquí, en este momento,
en este mísero instante
que quedará inamovible
en la quietud del espacio,
del silencio.
Siendo tan solo materia
como la mota de polvo
que duerme en el lomo de un libro.
El tiempo pasa
y yo permanezco
cayendo en el vacío,
pensándote,
implorando tu perdón.

GOTA A GOTA

Un abanico rojo aletea en la densa atmósfera
esparciendo agrios hedores entre las estrechas paredes,
el lento goteo del tiempo gorjea
sin rehuir por un instante el quejido de los enfermos.
Pulcro camisón blanco,
púrpura sobre carne,
pellejo sobre huesos.
Los corazones helados abrigados por las batas se resquebrajan,
mientras sus pétreos rostros, acostumbrados a disimular,
gritan en silencio lo que sus bocas callan.
La oscuridad llama a la puerta y ellos la rehúyen, la expulsan,
mas sin avisar se introduce taimada y los derrota.
Púrpura sobre carne,
pellejo sobre huesos,
pulcro camisón blanco.
El día penetra el ventanal entre ajetreos y risas,
matando la noche, la larga noche, la solitaria noche.
Hay en ella una hendidura de angustia,
en cada pared pintada de olvido,
en el sofoco que invade cada rincón de esta lavandería
de lágrimas desgarradas en la odiosa noche.
Pellejo sobre huesos,
pulcro camisón blanco,
púrpura sobre carne.

«Existe una violencia muda en la sangre estremecida de los enfermos
y una belleza calma en los hundidos ojos de quienes los guardamos.»

ÍNDICE

FUERA DE PARVA

Este libro se terminó de editar en Granada
en septiembre de 2025 por

Aliarediciones

www.aliarediciones.es
info@aliarediciones.es